Cynnwys

3

* *Ni chyhoeddwyd yn argraffiad cyntaf* Cerddi'r Bugail.

Hedd Wyn

gan R. Williams Parry

I

Y bardd trwm dan bridd tramor, y dwylaw
    Na ddidolir rhagor;
    Y llygaid dwys dan ddwys ddôr,
    Y llygaid na all agor!

Wedi ei fyw y mae dy fywyd, dy rawd
    Wedi ei rhedeg hefyd;
    Daeth awr i fynd i'th weryd,
    A daeth i ben deithio byd.

Tyner yw'r lleuad heno tros fawnog
    Trawsfynydd yn dringo:
    Tithau'n drist a than dy ro,
    Ger y ffos ddu'n gorffwyso.

Trawsfynydd! Tros ei feini trafaeliaist
    Ar foelydd Eryri;
    Troedio wnest ei rhedyn hi,
    Hunaist ymhell ohoni.

II

Ha frodyr! dan hyfrydwch llawer lloer,
    Y llanc nac anghofiwch;
    Canys mwy trist na thristwch
    Fu rhoddi'r llesg fardd i'r llwch.

Garw a gwael fu gyrru o'i gell un addfwyn,
    Ac o noddfa'i lyfrgell;
    Garw fu rhoi 'i bridd i'r briddell,
    Mwyaf garw oedd marw ymhell.

Gadael gwaith a gadael gwŷdd, gadael ffridd,
    Gadael ffrwd y mynydd;
    Gadael dôl a gadael dydd,
    A gadael gwyrddion goedydd.

Cadair unig ei drig draw! Ei dwyfraich,
    Fel pe'n difrif wrandaw,
    Heddiw estyn yn ddistaw
    Mewn hedd hir am un ni ddaw.

Cyflwyniad

Bardd a anfarwolwyd gan angau yw Hedd Wyn. Ganrif ar ôl ei farwolaeth yn llanc ifanc mewn lladdfa ymhell o'i gynefin, yn ddim ond un o'r miloedd a wastraffwyd yr un diwrnod mewn rhyfel annirnad, mae ei enw wedi'i serio ar ymwybod ei genedl, ei gartref yn gyrchfan i bererinion fesul llond bws, a'i stori'n corddi ac yn cyfareddu o hyd. Bron na ellid dweud bod Hedd Wyn – yr Hedd Wyn yr ydym ni wedi dod i'w adnabod, o leiaf – wedi'i eni ar faes y gad fel y bu farw'r dyn o gig a gwaed, Ellis Humphrey Evans; mae ei farwolaeth yn rhan gwbl greiddiol o'i chwedl. Daeth y farwolaeth honno'n ymgorfforiad o wasgfâu'r rhyfel ar Gymru a'i diwylliant; cyddwyswyd holl golledion y Gymru wledig, Gymraeg yn y golled hon lle roedd, ar y naill law, fardd ifanc o fugail o berfeddion Meirionnydd a oedd yn prysur ennill ei blwyf, ac ar y llaw arall ddwrn dur y Rhyfel Mawr. A thrwy farw ychydig wythnosau'n unig cyn y diwrnod y dylai fod wedi eistedd yn ei gadair yn hedd yr Eisteddfod, fe gafodd ei stori drasig hon ei thro ciaidd perffaith yn ei chynffon.

Ond gan mor rymus yw stori'r bardd, efallai ei bod yn hawdd weithiau adael i'r farddoniaeth fynd ar goll yn ei chysgod. Mae'n werth cofio hefyd nad bardd ifanc addawol a gollwyd cyn iddo allu gwireddu'i botensial mo Hedd Wyn, ond bardd a adawodd gerddi gwirioneddol arhosol ar ei ôl, a hynny er gwaetha'r ffaith nad oedd ond deg ar hugain oed pan fu farw. Roedd yn un o'r genhedlaeth ddisglair o feirdd a ddaeth i'r amlwg gyda throad yr ugeinfed ganrif – beirdd fel T. Gwynn Jones, R. Williams Parry a T. H. Parry-Williams, beirdd a oedd wedi'u gwreiddio'n gadarn yn eu traddodiad ond a oedd â'r gallu i gydio yn y traddodiad hwnnw a'i droi'n rhywbeth amgenach, gan gynnig anadl einioes iddo ar ôl degawdau, os nad canrifoedd, o ganu merfaidd, hirwyntog a diffaith. Rhan o'r adfywiad hwnnw oedd Hedd Wyn. Er na chafodd fyw i'w hawlio, cyflawnodd ei freuddwyd mawr o ennill cadair yr Eisteddfod Genedlaethol a'r bri symbolaidd sydd arni fel atgof o'r amseroedd gynt pryd y rhoddid cadair i'r pencerdd wrth fwrdd y brenin, cyfnod pryd roedd barddoniaeth yn gyfrwng brenhinol. Fe fu'n ei llygadu ac yn dringo tuag ati ers blynyddoedd: bwriodd ei brentisiaeth dan adain ei athro, William Morris, gan fynd ati i geisio meistroli hanfodion ei grefft a chipio ambell gadair

mewn eisteddfodau lleol. Roedd derbyn clodydd y beirniaid yn yr eisteddfodau hyn, gan gynnwys derbyn clod ei arwr, R. Williams Parry, yn Eisteddfod Pwllheli, yn ei wthio yn ei flaen, ac fe ddaeth ond y dim i gipio'r gadair Genedlaethol ym 1916 am ei awdl i abaty Ystrad Fflur. Y flwyddyn ganlynol, yn Eisteddfod Genedlaethol Penbedw, dyfarnodd y beirniaid fod awdl astrus, dywyll *Fleur-de-lis* ar y testun 'Yr Arwr' yn deilwng o'r gadair, gan olygu bod ei hawdur wedi cyflawni uchelgais mawr ei fywyd.

Yn hynny o beth, mae 'Yr Arwr' yn awdl bwysig. Mae ei theitl a'i harwyddocâd yn annatod glwm wrth stori'r bardd, ond eto i gyd, dim ond ambell linell ohoni, os hynny, sydd wedi cydio. Os dyma frig ei yrfa fel bardd, nid dyma frig ei awen. Ar y llaw arall, wrth gwrs, yn wahanol i 'Yr Arwr' a'r cerddi eisteddfodol eraill, fe lynodd rhai o gerddi Hedd Wyn yn dynn wrth dafodau'r genedl, cerddi y gallwn eu hystyried ymysg cerddi mwyaf arwyddocaol yr ugeinfed ganrif. Efallai fod modd eu didoli, yn fras, yn ddwy ran. Yn gyntaf, mae gennym y canu i'r fro ac i'r bobl a oedd mor annwyl ganddo, cerddi sy'n dangos ei ddawn i ganu'n delynegol heb syrthio i'r fagl o draethu'n rhamantaidd ac yn ddall; mae rhyw gynildeb yn perthyn iddynt sy'n eu hachub rhag hynny. Tir, natur a phobl, a'r berthynas glos rhyngddynt, yw deunydd y canu hwn, ac yma gwelwn fyd y bardd ar ei fwyaf dilychwin a dihalog. Y tawelwch cyn y storm sydd yma; gosodir y byd delfrydol hwn – byd y 'lleuad borffor ar fin y mynydd llwm' – fel cefndir i chwalfa fawr y rhyfel. Ac er i'r rhyfel gyflwyno tinc chwerw, sinigaidd, tywyll i ganu Hedd Wyn, yr un oedd ei ddeunydd – tir, natur a phobl – a'r un oedd ei werthoedd. Ond eto, mae rhywbeth arbennig, annirnad yn digwydd yma: mae'r cerddi'n magu grym rhyfeddol wrth i stori'r bardd a'r farddoniaeth doddi'n un, ac mae'r eironi caled yn canu fel cnul drwyddynt. Ni allwn lai na darllen y cerddi yng nghyd-destun yr hyn a ddigwyddodd ddiwedd Gorffennaf 1917, a bron nad yw'r corff hwn o ganu yn uno ac yn ffurfio marwnad i'r bardd ei hun. Yr

Seiri meini yn Yr Ysgwrn, 2016

Cerddi'r Bugail

enghraifft amlycaf, efallai, yw'r englyn hwn, 'Nid â'n Ango':

Ei aberth nid â heibio, – ei wyneb
    Annwyl nid â'n ango,
  Er i'r Almaen ystaenio
  Ei dwrn dur yn ei waed o.

Englyn i gyfaill Hedd Wyn, D. O. Evans, yw hwn, ond y bardd ei hun yw'r gwrthrych bellach. Yn yr un modd, yn y gerdd 'Rhyfel', mae'r holl 'fythynnod tlawd' y bwriodd y rhyfel ei gysgod arnynt yn ymrithio yn yr Ysgwrn. Ac mae'r eironi chwerw hwn yn ymdreiddio'n llawer pellach. Mae hyd yn oed y cerddi a'r llinellau mwyaf telynegol a diniwed – y 'lleuad borffor' a 'hen wddw'r mynyddoedd' – yn magu rhyw ystyr dywyll, eironig, ac maen nhw i'w clywed fel rhyw islais pell yn y cerddi sy'n sôn am fudreddi'r rhyfel a'r ffosydd y bu'r bardd farw ynddynt.

Wrth gwrs, nid llais ar ei ben ei hun oedd Hedd Wyn. Ymatebodd sawl bardd arall o Gymro i'r rhyfel, beirdd medrus a brofodd erchylltra'r rhyfel eu hunain, ond prin fod cerddi'r un ohonynt yn ein taro cyn galeted â rhai Hedd Wyn. Yn yr un modd yn union, drwy gyfrwng ei farddoniaeth a'i stori, fe ddaeth Francis Ledwidge, y gwerinwr o fardd o Slane, County Meath, a fu farw ar yr union ddiwrnod ag y bu farw Hedd Wyn, i gynrychioli'r hyn a ddifethwyd ac a afradwyd gan y Rhyfel Mawr. Mae hanes y ddau fardd yn rhyfeddol o debyg: dyma ddau fardd o dyddynnwr a anwyd o fewn ychydig fisoedd i'w gilydd ac a fu farw ar yr union ddiwrnod yn yr union frwydr. 'Bardd y mwyeilch' oedd Ledwidge, ac mae'r geiriau ar y gofeb iddo ar bont yn ei bentref genedigol yn mynd â ni'n ôl yn anochel at fardd yr Ysgwrn:

He shall not hear the bittern cry
In the wild sky, where he is lain,
Nor voices of the sweeter birds
Above the wailing of the rain.

O farwnad Ledwidge i Thomas MacDonagh, un o arweinwyr Gwrthryfel y Pasg, y daw'r geiriau hyn, ond fel yn achos Hedd Wyn, trodd y geiriau yn eu tro'n farwnad i'r bardd ei hun. Ychydig dros flwyddyn ar ôl colli Hedd Wyn a Ledwidge, bu farw Wilfred Owen, bardd yr oedd ei gerddi'n chwalu'r delfryd Prydeinig o

anrhydedd rhyfel. Taflwyd y tri bardd hyn o wahanol gyfeiriadau i'r un lladdfa, ond yr un oedd ymateb y tri'n sylfaenol i'r hyn a welsant, ac yn rhyfedd ddigon, er gwaethaf tristwch eu storïau, at weithiau beirdd fel y rhain, a wasgwyd gan beiriant a oedd mor atgas ganddynt, y trown er mwyn chwilio am lygedyn o oleuni yng nghanol y tywyllwch.

Mewn sefyllfa annirnad fel y Rhyfel Mawr, mae ceisio amgyffred un golled yn ei gwneud yn haws inni amgyffred y cyfan.

Chwalu'r hen sied amaethyddol a chodi'r un newydd yn Yr Ysgwrn, 2016

Rydym yn cofio'r bardd hwn o grombil Meirionnydd gan fod yr holl golledion a brofodd Cymru, y Gymraeg a'i diwylliant yn ymhlyg yn ei hanes, ac rydym yn dathlu diogelu ac atgyweirio'r Ysgwrn gan fod y tyddyn hwnnw'n gofeb wâr, heddychlon i'r bardd a'i genhedlaeth yn ei gynefin ei hun. Rydym hefyd yn dod â'i gerddi i'r blaen unwaith yn rhagor gan fod y gwerthoedd

ynddynt – brogarwch, cyfeillgarwch, heddwch – yn rhai yr ydym yn eu coleddu a'u dyrchafu wrth gofio a cheisio deall yr hyn a ddigwyddodd. Y gwerthoedd hyn a fydd yn sicrhau nad aiff aberth Hedd Wyn, nac ychwaith aberth ei gyfoedion, heibio byth.

Gruffudd Antur

Hedd Wyn 1887–1917

Ganed Hedd Wyn yn Nhrawsfynydd, Meirionnydd, ar y 13 Ionawr, 1887, ac yn yr Ysgwrn, tyddyn ar gwr y pentref hwnnw, y magwyd ef.

Saif yr Ysgwrn ar yr ochr dde i'r hen ffordd sy'n arwain o Drawsfynydd i Gwm Prysor. Y mae'r tŷ yng nghanol llwyn o goed, mewn cafn yn y creigiau, a'i wyneb i gyfeiriad y wawr. Oddi yno gwelir y cwm creithiog yn ymestyn i'r pellterau, a'r Arennig Fawr ar ei gwr eithaf. Wrth edrych i'r chwith gwelir bryniau Trawsfynydd, y fynwent ar un ohonynt, a'r pentref ar y llall. Y tu draw iddynt hwy ceir ôl bysedd y Rhufeiniaid ar Domen y Mur. A thu draw i honno drachefn, tros hen gartref Morgan Llwyd, y mae ardal Ffestiniog fel Caersalem 'a'r mynyddoedd o'i hamgylch'. Gwelir crib yr Wyddfa yn y pellter. Ac ar war y ffridd yng nghefn yr Ysgwrn gwelir Cader Idris, a mynyddoedd a Drws Ardudwy.

Nid rhyfedd bod delw ei gartref ar ganeuon Hedd Wyn. Bardd y mynydd yw efô; bardd y gwyntoedd, y gorlan, a'r grug.

Yno holais y niwloedd, – a hwythau,
  Y creithiog fynyddoedd;

– dyna'i neges ef. O dan hud y rhain y tyfodd ei feddwl, a'u cyfriniaeth hwy yw ei farddoniaeth.

Fe âi Hedd Wyn, yn fylchog, i Ysgol Elfennol y Traws nes myned ohono'n ddigon hen i aros adref 'i wneud rhywbeth'. Adref y bu wedyn nes dyfod o'r wŷs i ymuno â'r fyddin. Bu unwaith am ysbaid yn Neheudir Cymru yn gweithio, ond nid oedd yn gysurus yno o gwbl. Fel hyn yr anfonodd ar y pryd at un o'i gyfeillion i'r Traws:

Yn y *South* fy nghorffyn sydd,
A f'enaid yn Nhrawsfynydd.

Hyd y ffriddoedd a'r creigiau y byddai ef wrth ei fodd. Plentyn natur ydoedd. Tyfodd fel blodyn ar y mynydd, yn ffordd Duw. Yr oedd y nwyd farddoniaeth yn ei waed, ac yn gynnar fe'i dihunwyd hi ynddo. Cafodd yr 'Ysgol Farddol' gan ei dad, a dysgodd y cynganeddion yn lled dda cyn bod yn ddeuddeg oed. Medrodd Evan

1. Y lle tân yn Yr Ysgwrn, 2005;
2. Yr Ysgwrn, 1990;
3. Enw'r fferm yn 'wyddor y beirdd'

Cerddi'r Bugail

Evans – ei dad – helpu cryn dipyn arno'r pryd hwnnw, gan fod ganddo yntau 'grap ar y llythrenne'. Yn ddeunaw oed enillodd Hedd Wyn ei gadair gyntaf, yn y Bala, am bryddest i'r 'Dyffryn'. Ar ôl hynny y cafodd ei ffugenw, mewn arwest ar lan Llyn y Morynion.

Daeth i adnabod Elfyn, ac yn ddiweddarach Eifion Wyn. Darllenai bopeth y caffai afael arno, yn enwedig llenyddiaeth ei wlad. Benthyciai lyfrau gan

ei gyfeillion, a hefyd o lyfrgell rydd Blaenau Ffestiniog. Mynych y cyrchai ar Sadyrnau i'r Blaenau am lyfr. Ac yna treuliai ei ddyddiau mewn tawelwch a hamdden i'w ddiwyllio'i hun. Hyfryd i'w enaid oedd 'sŵn hen afon Prysor yn canu yn y cwm'. Yno y 'golchodd ei ddeall â golau'r awenau'. Ac yno, o fyfyrio ar fywyd a'i anawsterau, y cryfhâi ei ffydd yn y Duw y gwrandawai ar 'suon ei fentyll yng ngwynt y nos'.

Ar gyfair Eisteddfodau y canodd y rhan fwyaf o lawer o'r cerddi hyn. Enillodd gadeiriau ym Mhwllheli a Phontardawe, a dwy yn Llanuwchllyn, cyn canu i'r 'Arwr'.

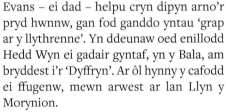

1. *Y teulu (Hedd Wyn: cefn, chwith);*
2. *Ellis a Gerald, y gor-neiaint;*
3. *Bob, brawd iau Ellis;*
4. *Ellis*

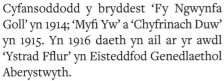

Cyfansoddodd y bryddest 'Fy Ngwynfa Goll' yn 1914; 'Myfi Yw' a 'Chyfrinach Duw' yn 1915. Yn 1916 daeth yn ail ar yr awdl 'Ystrad Fflur' yn Eisteddfod Genedlaethol Aberystwyth.

Darllen a barddoni ydoedd ei hyfrydwch yn wastad. Nid amaethwr oedd, ac nid bugail ychwaith, ond bardd a dim arall. Yn aml anghofiai ei feysydd a'i ddefaid wrth grwydro ym mröydd y breuddwydion a hunai rhwng y bryniau llwydion.

Clywais ei fam yn adrodd hanesyn amdano sy'n nodweddiadol hollol ohono. Digwyddodd yng ngwanwyn 1917, ac yntau adref am dro o wersyll Litherland.

Sylwodd hi un bore fod yr ŵyn llyweth yn yr egin, a gofynnodd i un o'r genethod redeg yno ar unwaith. Wedi cychwyn, troes hithau yn ei hôl, a dywedyd wrth ei mam fod Ellis newydd gychwyn i'r Llan, a'i fod yn siŵr o hel yr ŵyn o'r egin. Gan nad beth am hynny, a'r ŵyn yn ei ymyl, heibio'r aeth Ellis heb eu gweld o gwbl. Na, nid bref y defaid a glywai hyd lethrau ei henfro, ond 'ysbryd oesoedd annisbur a dwysion'.

Syndod, rywfodd, gyn lleied a ddarluniodd ar olygfeydd natur.

1. a 2. Cadeiriau cynnar Hedd Wyn;
3. 'Y Gadair Ddu', 1917;
4. Cofeb ar safle Eisteddfod 1917

Hedd Wyn 17

ARWYR
TRAWS FYNYDD

MEWN
NGOF
NI
IANT
FOD
Ceiriog

EU
HAE
NI
E
HE

G. Llew Morris.

J. Morris. (L.F.)

W. Evans (Canadians)

Tom Morris. (R.W.F.)

R. Morris. (Welsh Regt)

E. R. Parry (S.W.B.)

Watkin Jones (Welsh Regt)

Major Evans (R.W.F.)

W. Llew Jones (R.W.F.)

W. J. Davies (M.G.C.)

O. Evans (R.W.F.)

Rd. Williams (R.W.F.)

Ellis Evans (Hedd Wyn)(R.W.F.)

R. E. Phillips (R.W.F.)

Evan Williams (R.W.F.)

J. Williams (R.W.F.)

Moses Lewis (A.S.C.)

Lieut Azariah Phillips (R.F.C.)

Ellis J. Jones (R.E.)

Tom Evans (R.W.F.)

Damhegion oedd pwerau natur iddo, yn dehongli pasiant bywyd, ac yn deffro rhyw feiddgarwch rhyfedd yn ei feddwl. Mewn llythyr o'r eiddo at gyfaill clwyfedig yn Ffrainc, fel hyn yr ysgrifenna:

'Wyddost ti beth, mae clywed sôn am filwyr clwyfedig yn gwneud i mi feddwl bob amser am Arthur chwedloniaeth y Cymry. Wedi bod ohono mewn llawer brwydr, o'r diwedd fe'i cludir dan ei glwyf i Ynys Afallon, – ynys ddi-nos yr haf anfarwol. Cofia nad chwedl mo Ynys Afallon. Ynys ym myd y galon ydyw hi, ac nid oes dim ond clwyf a dioddef yn gallu agor ei phyrth. Mae'r Ynys honno yng nghalon dy deulu, yng nghalon dy wlad, a thithau ynddi yn anwylach nac erioed.

Nid oes gennyf fawr iawn i'w ddweud wrthyt, ond ei bod hi yn dawel iawn yn dy hen gartref, yr heolydd yn wacach nac arfer, a'r gwynt fel tae o'n sibrwd 'Ichabod' o lwyn i lwyn, – ond nid felly mae hi i fod, cofia. Mae'r gwanwyn sydd heddiw yn ifanc ar fedd y gaeaf a'r storm yn profi hynny, a chyn sicred a dyfod blagur i lwyn felly hefyd y daw

bore o heddwch i fywyd ein teyrnas glwyfedig. A chyda'r bore hwnnw doi dithau a miloedd o fechgyn eraill yn ôl i'w hen gynefin, – eu profiad yn fwy, a'u gwlatgarwch yn burach a mwy sylweddol, a'u cariad at heddwch yn angerdd newydd yn eu mynwesau.

Dyna fyd meddwl Hedd Wyn. Bychan y tybiai, pan ysgrifennai'r uchod, fod ei fedd ei hun mor agos ato; a chyn gwawrio o'r bore o heddwch y byddai pyrth Afallon wedi cau amdano'n dragywydd.

Un anodd i'w ddisgrifio yw Hedd Wyn. O ran yr olwg allanol, nid oedd dim neilltuol ynddo. Gellid ei basio ar y ffordd a thybied mai'r gwas ffarm distadlaf yn y wlad ydoedd. Pan weiddid ei ffugenw yn Eisteddfod Llanuwchllyn yn 1915, cododd ar ei draed ym mhen draw'r babell; ond ar hynny dyma wraig gref o'r tu ôl iddo'n ei dynnu gerfydd ei gôt, gan dddywedyd: 'Eiste i lawr yn y fan ene fachgen, er mwyn imi gael gweld pwy sy'n ennill y gader!'

Oherwydd ei symlrwydd a'i naturioldeb, hoffai pawb ef. Nid wyf yn meddwl y bu iddo elyn yn unlle erioed. Ymddiddorai yn helyntion diniwed ei fro. Cofir o hyd am rai o'i ddiddanion oddi ar lwyfan y neuadd newydd yn y Traws.

Cyfansoddodd aml englyn a chân chwareus, ac ymgollai mewn direidi iach cystal â neb. Yr oedd llond ei natur o ddigrifwch tawel. Byddai plant bach Trawsfynydd i gyd yn adnabod Hedd Wyn. Erys ei englynion ar ôl rhai ohonynt mor hysbys â diarhebion yn y fro. Gweision ffermydd oedd ei ffrindiau pennaf, a llawer o hiraeth a deimlai ar eu holau pan chwalwyd hwy i bedwar cwr byd. Eithr er mor ddiymhongar ydoedd, meddai ar uchelgais a phenderfyniad diwyro.

O'i adnabod yn iawn, buan y canfyddid bod ysbryd anghyffredin yn syllu trwy ei lygaid gleision aflonydd. Pwy a fuasai, yn ei oed ef, ac wedi derbyn cyn lleied o fanteision, yn mentro cynnig mor ddygn am y gadair genedlaethol? Gwnaeth hynny ddwywaith cyn ennill ar 'Yr Arwr'. Pan fethai, ni surai ddim. Yr oedd fel pe'n siŵr y gwawriai ei ddydd yntau rywbryd.

Cyfansoddai ei gerddi'n hamddenol, ond mewn brys bob amser yr anfonai ei waith i ffwrdd. Torrodd amodau cystal fwy nag unwaith oblegid hynny. Hir-oedai gyda phopeth bron. Dyna hefyd oedd ei hanes yn ei gysylltiad â'r fyddin. Oni bai gyrraedd o'i apêl am ryddhad yn rhy hwyr i'r awdurdodau, y mae'n fwy na thebyg na chawsai'r fyddin mohono. Ac y mae'n

anodd dirnad beth a welodd neb erioed yn Hedd Wyn i feddwl gwneuthur milwr ohono. Nid oedd nac osgo nac anianawd milwr ar ei gyfyl. Ond daeth y wŷs ddidrugaredd i'w orfodi yntau. Arhosodd yn rhy hwyr wedyn cyn dychwelyd i Litherland, a gadael Trawsfynydd am y tro olaf. Dyna, efallai, a barodd ei symud mor fuan i Ffrainc.

Ychydig a wyddom amdano yno, ond amlwg yw ei fod yn hoffi'r wlad, ac yn mwynhau cwmni'r fataliwn y perthynai iddi. Fel hyn yr ysgrifennai oddi yno am y cwmpeini:

Yr oedd dau o'r hogiau yma'r dydd o'r blaen yn dweud wrth fy mhasio: 'Well, *kid*.' Ond trannoeth ar y *parade* dyma'r swyddog yn gofyn i mi ymysg eraill: 'Well, *man*, did you shave this morning?' Ynteu'r swyddog ai'r hogiau oedd yn iawn, cewch chwi ddweud. Hefyd yr wyf wedi digwydd disgyn mewn lle llawn o brofiadau rhamantus, ac anghyffredin. Pan oedd tri neu bedwar ohonom yn cwyno ar y gwres, daeth hen filwr wyneb-felyn heibio, a dyma fo'n dweud: 'Wel peidiwch â

1. *Bedd Hedd Wyn, Mynwent Artillery Wood;*
2. *Cerflun Hedd Wyn yn Nhrawsfynydd*

Cerddi'r Bugail

chwyno, *boys* bach, beth petae chwi yn Sudan erstalwm yr un fath a fi? Yr oedd gennyf helmet bres ar fy mhen, a phlât pres ar fy mrest, a rhywbryd tua dau o'r gloch ichwi, gwelwn rhywbeth yn llifo hyd fy nhrowsus, ac erbyn edrych yr oedd yr helmet a'r plât yn prysur doddi. Beth ydych chwi'n gwyno, *boys* bach?'

A dyma'r wlad, a'r hyn a welai ynddi:

Mae yma wlad ryfeddol o dlos yn y rhannau a welais i hyd yn hyn; y coed yn uchel a deiliog, a'u dail i gyd yn ysgwyd, crynu, a murmur, fel pe baent yn ceisio dweud rhywbeth na wyddom ni ddim amdano. Neu fel pe bai hiraeth siomedig o Gymru yn dychwel yn athrist, ar ôl methu cael hyd i rywun sy'n huno yn rhywle yn Ffrainc.

Gwelais yma lwyni o rosynnau, a gwefusau pob rhosyn mor ddisglair a gwridog â thae myrddiwn o gusanau yn cysgu ynddynt. A chan fod y tywydd mor hyfryd ceir yma olygfa dlos y tu hwnt, yn oriau y machlud, a'r haul yr ochr draw i fataliynau o goed yn mynd i lawr mor odidog o hardd ag angel yn mynd ar dân.

Ymhen ennyd gwelir llen denau o liw gwaed tros y gorwel, a rhyw felyndra tebyg i liw briallu wedi ei gyfrodeddu ynddi.

Ond y peth tlysaf a welais i hyd yn hyn oedd corff hen *shell* wedi ei droi i dyfu blodau, – yr oedd coeden fach werdd yn cuddio rhan uchaf yr hen *shell*, a naw neu ddeg o flodau bychain i'w gweld rhwng ei dail, yn edrych mor ddibryder ag erioed. Dyna i chwi brawf fod tlysni'n gryfach na rhyfel onid e, a bod prydferthwch i oroesi dig: ond blodau prudd fydd blodau Ffrainc yn y dyfodol, a gwynt trist fydd yn chwythu tros ei herwau, achos bydd lliw gwaed yn un, a sŵn gofid yn y llall.

Mae yma lawer math o bobl i'w gweld o gwmpas. Gwelais amryw o Rwsiaid, a difyr yw cael hamdden i edrych ar y rhain, a gwybod eu bod yn dystion o ddragwyddoldeb eiraog eu gwlad, ei chaethiwed hen, a'i deffro sydyn. Mae yma Indiaid lawer hefyd, eu gwalltiau fel rhawn, a thywyllwch eu crwyn yn felynddu, a'u dannedd fel gwiail marmor, a dylanwad eu duwiau dieithr ar bob ysgogiad o'u heiddo. Gwelais garcharorion Almaenaidd hefyd. Yr oedd cysgod ymerodraeth fawr yn ymddatod yn eu llygaid, a haen o euogrwydd yn eu trem. Nid wyf i wedi cyrraedd at berygl

Cerddi'r Bugail

eto, ond yng nghanol y nos byddaf yn clywed sŵn y magnelau fel ocheneidiau o bell. Hwyrach y caf fwy o hamdden a phrofiad i ysgrifennu fy llythyr nesaf.

Wedi ymuno â'r fyddin, wrth gwrs, y cyfansoddodd y rhan helaethaf o'i awdl i'r 'Arwr'; ac o Ffrainc mewn brys y postiodd 'rhyw lun o awdl ar destun y Gadair,' chwedl yntau.

Bu farw ym mrwydr Cefn Pilkem, ym mis Gorffennaf, 1917. Yn Eisteddfod Genedlaethol Birkenhead, yn nechrau Awst, dyfarnwyd ei awdl yn orau. A golygfa i'w chofio oedd honno: 'yr ŵyl yn ei dagrau, a'r bardd yn ei fedd.' Daeth ei enw ar unwaith yn adnabyddus i bawb a garai Gymru a Chymraeg. Ac er dryllio'i delyn mor gynnar, erys ei thân ar lawer aelwyd, a'i halawon o hyd yn fyw. Y mae cofio'r bardd ei hun hefyd yn ennyn 'cariad at heddwch yn angerdd newydd yn ein mynwesau'.

WILLIAM MORRIS,
Bryn Du, Môn.

1. Cofebau Hedd Wyn yn Hagebos, Fflandrys;
2. Rhan o'r arddangosfa goffa mewn bwyty yn Hagebos;
3. Cofeb Genedlaethol Cymru gyda'r ardd gennin Pedr yn Fflandrys

Cerddi'r Bugail

Detholiad o gerddi Hedd Wyn

Yr hen reilffordd, Cwm Prysor

Rhyfel

Gwae fi fy myw mewn oes mor ddreng,
   A Duw ar drai ar orwel pell;
O'i ôl mae dyn, yn deyrn a gwreng,
   Yn codi ei awdurdod hell.

Pan deimlodd fyned ymaith Dduw
   Cyfododd gledd i ladd ei frawd;
Mae sŵn yr ymladd ar ein clyw,
   A'i gysgod ar fythynnod tlawd.

Mae'r hen delynau genid gynt
   Ynghrog ar gangau'r helyg draw,
A gwaedd y bechgyn lond y gwynt,
   A'u gwaed yn gymysg efo'r glaw.

Gaeaf, Trawsfynydd

Mewn album

Cerdda rhai adwaenom heno
    Ewrob bell ddi-gainc,
Lle mae dafnau gwaed ar fentyll
    Prydain Fawr a Ffrainc.

Cysga eraill a adwaenom
    Yn y fynwent brudd;
Lle mae'r awel fyth yn wylo,
    Wylo nos a dydd.

Troeog iawn yw llwybrau bywyd
    Megis gwynt yr hwyr;
Pa le'n cludir ninnau ganddo,
    Duw yn unig ŵyr.

Hiraeth am Drawsfynydd

Yn iraidd ŵr fe ddof ryw ddydd – adref
    I grwydro'r hen fröydd;
    Yn y *South* fy nghhorffyn sydd
    A f'enaid yn Nhrawsfynydd.

Llyn Trawsfynydd

Telyn fud

Gwelais un ymhlith y defaid
    Derfyn hafaidd ddydd;
Gwelais degwch rhos bendigaid
    Ar ei ieuanc rudd;
Canai'r chwa wrth fynd a dyfod
    Rhwng y grug a'r dail;
Canai yntau'n ddiarwybod
    Gyda'i lais di-ail.

Gwelais ef yng ngŵyl ei henfro
    Gynt yn canu cân,
Gwelais wedyn ei arwisgo
    Â llawryfau glân;
Clywais sŵn ei lais yn torri,
    Fin allorau'r Iôr,
Megis sŵn ewynnau lili
    O tan wynt y môr.

Wedyn gwelais ef yn edwi
    Tan y barrug gwyn,
Ambell islais pêr yn torri
    Tros ei wefus syn;
Yna gwelais ddyfod trosto
    Olau'r machlud drud;
Hithau'r gân am byth yn peidio
    Ar ei wefus fud.

Sefais wrth ei fedd un hwyrddydd,
    Bedd y gobaith glân
Wybu londer plant y mynydd,
    Wybu ganu cân;
A phe medrwn torrwn innau
    Ar ei feddfaen fud
Ddarlun telyn gyda'i thannau
    Wedi torri i gyd.

Pelydrau dramatig uwch Trawsfynydd ('bysedd Duw')

Gwenfron a mi

Cydgerdded wnâi Gwenfron a minnau un tro,
A chwerthin yr awel ym mrigau y fro;
'Roedd lloer yn yr awyr, a lloer yn y llyn,
Ac eos yn canu o laslwyn y glyn;
A serch ar ei orau ar noson fel hyn.
Ac yno yn suon yr awel a'r lli
Gwnaed cymod annatod rhwng Gwenfron a mi.

Flynyddoedd maith wedyn 'roedd coedydd y glyn
Heb ddeilen, nac awel, dan eira gwyn, gwyn;
'Roedd oriau ieuenctid ers talwm ar ffo,
A mil o ofalon yn llanw y fro,
A'r corwynt yn ubain o'r coed yn ei dro;
Ond chwerwed gaeafau, a rhued y lli,
Ni thorrir mo'r cymod wnaeth Gwenfron a mi.

Mae Gwenfron a minnau yn hen erbyn hyn,
A'r hwyr ar ein pennau fel eira gwyn, gwyn;
Mae'n llygaid yn llwydo fel dydd yn pellhau,
A nerth ein gewynnau o hyd yn gwanhau;
Ond, wele, mae'n cariad o hyd yn cryfhau.
I'r tiroedd dihenaint sy draw tros y lli
Rhyw symud yn dawel wna Gwenfron a mi.

Yr Wyddfa o Feidiogydd, Trawsfynydd

Y blotyn du

Nid oes gennym hawl ar y sêr,
   Na'r lleuad hiraethus chwaith,
Na'r cwmwl o aur a ymylch
   Yng nghanol y glesni maith.

Nid oes gennym hawl ar ddim byd
   Ond ar yr hen ddaear wyw;
A honno sy'n anhrefn i gyd
   Yng nghanol gogoniant Duw.

Capel Penstryd

Gorffen crwydro

Ceraist ti grwydro gwledydd pellennig,
    Y gwledydd sy 'mhell tros y don;
Weithiau dychwelit i'th gartre mynyddig
    A'th galon yn ysgafn a llon.

Gwelsom di ennyd cyn dychwel ohonot
    I'r rhyfel sy'n crynu y byd;
Nodau y gwlatgar a'r beiddgar oedd ynot,
    Y nodau sy'n costio mor ddrud.

Fe chwyth y corwynt tros fryniau Trawsfynydd
    O'th ôl fel yn athrist ei gainc;
Tithau yng nghwmni'r fataliwn ddihysbydd
    Sy'n cysgu'n ddifreuddwyd yn Ffrainc.

Cwm Prysor

Plant Trawsfynydd

(Sef cân Nadolig i'r rhai sy 'mhell o'u bro)

Nid oes o'r Bont hyd at Bantycelyn
    Ddim ond unigrwydd a'i fri:
A rhywrai'n eistedd wrth dân eu bwthyn
    Gan feddwl amdanoch chwi.

'Chydig yw rhif y rhai sydd yn dyfod
    Yn awr fin nos tua'r Llan;
Mae'r hen gyfeillion megis gwylanod
    Bellach ar chwâl ym mhob man.

Pan chwytho gwynt y nos yn anniddig
    Gan siglo ffenestr a dôr,
Cofiwn amdanoch, blant gwasgaredig
    Ar dir pellennig a môr.

Mae rhai ohonoch, blant y mynyddoedd,
    I ffwrdd ers talwm ar daith;
A'ch gwallt yn gwynnu yng ngwynt blynyddoedd,
    Blynyddoedd unig a maith.

Eraill ohonoch sy'n Ffrainc aflonydd
    Yn ymladd fore a hwyr;
Maint eich hiraeth am fryniau Trawsfynydd
    Y nef yn unig a ŵyr.

Cerdda eraill hyd ddieithr bellterau
    Yr Aifft dywodlyd, ddi-wên,
Yng nghysgod y palm a'r pyramidiau,
    Ym murmur y Nilus hen.

Llu ohonoch sy'n morio'r Iwerydd,
    Yn morio'r Iwerydd mawr,
Lle nad oes ond tonnau glas aflonydd
    Yn wylo o wyll i wawr.

Daw'r haf am dro tros ein bryniau eto,
    Am dro tua'r coed a'r ddôl,
Ond gwn fod rhai ohonoch yn huno,
    Na welir mohonynt yn ôl.

Blant Trawsfynydd ar ledled y gwledydd
    A thonnau gleision y lli,
Wnêl bro eich mebyd melys a dedwydd
    Byth, byth eich anghofio chwi.

Er colli wynebau eich lleisiau melys
    Oddi ar lwyfannau y plwy,
Calon wrth galon eto a erys,
A'n cariad sy'n tyfu'n fwy.

Er gweled ohonoch flwyddyn annedwydd,
    Blwyddyn o ofid a chri,
Gwynnach nag eira gwynnaf Trawsfynydd
    Fyddo'r Nadolig i chwi.

Oedfa hud

Tros waun a gallt yn alltud
Y nos aeth fel teyrnas hud;
Ac fel breuddwyd, rhyw lwyd lain
Oeda ar lawnt y dwyrain.

Y sêr o'r wybrennau syn – a droant
    Gyda'r ieuanc dywyn;
  Â eu mil lliwiau melyn,
    Fanllu aur, o ddwfn y llyn.

O hud gwawl â hediaid gwyll
I'w hendref mewn main candryll.
O'i dŵr ba nos aderyn
Ofwya'r gwawl fore gwyn?
Cwsg yn brudd, a'r wawr ruddaur
Wthia'r nos â'i tharian aur.

Bore fel bwa arian
Gorona bell gern y ban;
Tybiais fod melfin ffiniau
Y deyrnas hud ar nesáu,
Gan dlysed a hardded oedd
Hyd erwau'r ucheldiroedd.

Unlliw i mi Fentyll Mair
A dysglau o win disglair;
Tua'r trist gyfddydd distaw
Deuai'r haul dros fryniau draw;
Mwyn ei wedd, uwch mynyddoedd
Eryr aur yr awyr oedd;
Y nen drôi o'i hynod wrid
Yn ororau mererid;
Hudol pob cwmwl gloywdeg
Unlliw tud o emrallt teg.

Swil, unig, bell, las lynnoedd – a loywai
    Dan lewych y nefoedd;
  Gwaed y wawr drwy'u llygaid oedd,
    A'u hewynnau fel gwinoedd.

I'r awel fore melyn
O wele glws niwl y glyn,
Fel adfail eursail wersyll
Tylwythau gêl hudlath gwyll.

Ha! ddifyr goedd fore gwyn,
Is yr awyr oes rhywun
Wylai pan byddo melyn
Firagl haul ar ddwfr y glyn?

Acw bun ieuanc bennoeth
I'r waun â ar fore noeth
Sydd megis pêr leufer li
Hyd ei heurwallt yn torri.
Ei llygaid unlliw eigion
A'r bore hardd ar ei bron;
Ac ar ei min dyfnlliw'r gwinoedd
Neu ewyn aur yn chwerthin oedd.

Yr hen ŵr fu oriau'n wan
O'i gell ddoi'n ddiddig allan.
Heddiw dôi'r bore rhuddaur
Ar ei wallt fel eiry aur.
Llais awel bell a suai:
Henwr hoff, mae'th oes ar drai;
Yf o deg dangnef y dydd,
Di, iarll hen, hyd hwyr llonydd.

Cri y di-gartref

Af allan i wyneb y ddrycin
   I grwydro hyd lethrau y bryn;
Disgynned y glaw ar fy nillad,
   A chaned y gwynt fel y myn.

Af allan i wyneb y ddrycin,
   'Does undyn yn unman a'm clyw;
'Does neb am oleuo fy llwybyr
   Ond y mellt yn ehangder Duw.

Af allan i wyneb y ddrycin
   Hyd erwau y ddafad a'r oen;
Griddfanned y storm ar fynyddoedd
   Fel darn o ogoniant poen.

Gorwyntoedd gwallgof y bryniau
   Sy'n canu telynau o frwyn,
O cludwch, o cludwch fy ngriddfan
   At rywun a wrendy fy nghŵyn.

*   *   *

Pan gaeo fy llygaid wrth farw
   Goleued y mellt draws y glyn;
Disgynned y glaw ar fynyddoedd
   A chaned y gwynt fel y myn.

Pandy, afon Prysor

Claddu mam

Nawnddydd Sadwrn trwy Drawsfynydd
   Cerddai Hydre'n drwm ei droed,
Curai'r gwynt ffenestri'r moelydd,
   Wylai yn y coed.

Pan oedd sŵn y storm yn trydar
   Trwy'r gororau moelion maith,
Cludwyd arch ar ysgwydd pedwar
   Tua'r fynwent laith.

Ond er cludo'r fam i'r graean
   Bydd ei bywyd prydferth gwyn
Megis cân telynau arian
   Fyth ar wynt y glyn.

Coeden Borthmyn, Cwm Dôl-gain

Doli

Efelychiad

Câr y fronfraith roddi cerdd
   Mewn coedwig werdd o dderi;
Câr y geinach redyn glân
   Y marian a'r mieri;
Caraf finnau er pob sen,
   Wên heulwen a fy Noli.

Clywir heddiw weddwon bro
   Yn cwyno tan eu cyni;
A barus waedd y rhyfel drydd
   Faith wledydd i dylodi;
Canaf finnau, brydydd syn,
   Fy nhelyn i fy Noli.

Carodd 'Dafydd gywydd gwin'
   Ei Forfydd liw'r goleuni,
Carodd Ceiriog awen lân
   Fyfanwy Fychan heini;
Dwedaf finnau, bobol bach,
   Anwylach yw fy Noli.

Llyn Trawsfynydd

Wrth y bedd

Mi'th welais di yn gwelwi
    Mor dlws â'r eira gwyn,
A lliw'r anfarwol dlysni
    Yng nghlwyfni'th lygaid syn;
A gwelais di mewn amdo
    Yn wyn a chlaer i gyd,
Fel angel ieuanc blin ynghwsg
    Dan ros y prydferth fyd.

Ti geraist fyw'n garedig
    Mewn symledd addfwyn llon;
Ni chafodd gwg na surni
    Gymylu gwynfa'th fron;
Yr oedd dy ddyddiau telaid,
    Er lleied oedd eu rhi,
Mor deg â'r clwm o flodau gwyn
    'Roed ar dy feddrod di.

Ni theimlaist fin yr ingoedd
    Sy'n llanw byd yr hen;
Cest farw cyn i wyntoedd
    Y gaeaf edwi'th wên;
Ac er dy farw'n ieuanc,
    Cyn dod o'r dyddiau blin,
'Roedd iaith y wenfro ddisglair bell
    Yn huawdl ar dy fin.

Myn serch fel mun brudd lygad
    Roi crwydrad blin di-hedd,
Mewn myfyr trist amdanad,
    Hyd fan dy ddistaw fedd;
A chlyw o dan ei chlwyfni
    Bêr swyn dy fywyd gwyn,
Mor bêr â chanu clychau pell
    Ar awel oer y glyn.

Glannau'r lli

'Rwyf i yn hoffi'r blodau
 Sy'n tyfu'n wyllt a rhydd
Heb undyn yn eu gwylio
 Ond awel, nos a dydd;
Yr wyf yn mynd bob hafddydd
 Heb gymar gyda mi
I gasglu'r blodau gwylltion
 Ar lannau glas y lli.

Af ati'n fore, fore,
 I gasglu'r blodau hyn
Cyn i'r ehedydd ddeffro
 Rhwng rhedyn gwyrdd y bryn;
'Rwyf wrthi hyd yr hwyrddydd
 Nes casglu llu di-ri
O flodau gwyn a melyn
 Ar lannau glas y lli.

Dychmygais wrth ddod adre
 Weld llawer ysbryd hy
Yn llamu dros y caeau
 A'i wallt yn hir a du;
Ond toc, fe welwn olau
 Ffenestri 'nghartref i
Lle cefais wên i'm derbyn
 O lannau glas y lli.

Mae gennyf chwaer yn gwywo
 Dan farrug oer y glyn;
Mor hoff yw hi o'r blodau –
 Rai melyn, gwyrdd, a gwyn;
Bob nos 'rwy'n dyfod adref
 A'm blodau gyda mi
I lonni'r hon sy'n gwelwi
 Ar lannau oer y lli.

Gwladgarwch *(Detholiad)*

Pryddest

Onid tydi sydd yn glaf o gariad
   At draddodiadau dy ffin?
Onid yw breuddwyd a hewyd dy henwlad
Fyth yn ddigwmwl yng nglesni dy lygad
   A'i hawliau'n fflam ar dy fin?

Ti yw lladmerydd ei swyn a'i hunaniaeth
   Yn wyneb y llydan fyd;
Dy gleddyf a werchyd ei hannibyniaeth;
A thry dy freuddwydion oll yn arwriaeth
   Wrth ei hallorau o hyd.

*   *   *

Ceni dy delyn am na elli beidio,
   Delynor gobaith dy dud;
Ceni hen gerddi galarus eu hatgo,
Ceni berlesmair breuddwydiol ei deffro
   Ar glybod y llydan fyd.

Llunni delyneg tan dderw y mynydd
   A'i geiriau i gyd yn dân;
Cans onid dy gariad yw bro a nentydd,
Defodau a hawliau dy wlad ddihenydd,
   Ac erddynt ceni dy gân.

Llyn yr Oerfel, Trawsfynydd

Marw yn ieuanc

Bu farw yn ieuanc, a'r hafddydd
    Yn crwydro ar ddôl, ac ar fryn:
Aeth ymaith i'r tiroedd tragywydd
    Fel deilen ar wyntoedd y glyn.

Hi garodd gynefin bugeiliaid
    A chwmni'r mynyddoedd mawr;
A llanw meddyliau ei henaid
    Wnâi miwsig yr awel a'r wawr.

Bu fyw yn ddirodres a thawel,
    Yn brydferth, yn bur, ac yn lân;
Ac eto mor syml â'r awel
    Sy'n canu trwy'r cymoedd ei chân.

Fe'i magwyd ym murmur y nentydd
    Ar fryniau diarffordd Twr Maen;
Nid rhyfedd i'w bywyd ysblennydd
    Flaguro mor bur a di-staen.

Mor ddiwyd oedd hi gyda'i gorchwyl,
    Mor drylwyr cyflawnai ei gwaith –
'Roedd delw gonestrwydd dinoswyl
    Yn llanw ei bywyd di-graith;

Bu farw'n nyddiau ieuenctyd
    A'i heinioes ar hanner ei byw;
Bu farw a'r haf yn ei bywyd,
    Bu farw yn blentyn i Dduw.

Fe'i gwelsom hi'n gwywo i'r beddrod
    A'i haul tros y ffin yn pellhau;
A hithau, y Nefoedd ddiddarfod,
    I'w chyfwrdd i'r glyn yn nesáu.

Daw atgof ei bywyd a'i geiriau
    Yn ôl i'n calonnau fel cynt,
Fel arogl mil myrdd o lilïau,
Fel miwsig perorol o glychau
    Y nefoedd, ar lanw y gwynt.

Blodwen

Dyma Blodwen wen heini – a'i grudd fach
    Fel gardd fwyn o lili;
   Ai tywyllwch mantelli
   Y gwyll teg yw ei gwallt hi?

Dwy wefus liw gwrid afal, – a llygaid
    Lliw eigion o risial;
   Boed iddi glyd fywyd fal
   Nefoedd o swyn anhafal.

Dymuniad

Dymunwn fod yn flodyn – a'r awel
    Garuaidd yn disgyn
   Arnaf i yn genlli gwyn
   Oddi ar foelydd eurfelyn.

Trawsfynydd o ochr arall y llyn

Hedd Wyn   59

Haul ar fynydd

Cerddais fin pêr aberoedd – yn nhwrf swil
    Nerfus wynt y ffriddoedd;
    A braich wen yr heulwen oedd
    Am hen wddw'r mynyddoedd.

Yr haf

Yr haul ar las orielau, – a gweunydd
    Fel gwenyg o flodau,
    A chwa bêr o ryw iach bau
    Yn yngan ar las gangau.

Adfeilion hen eglwys

Ei hudol furiau lwydynt; – alawon
    Ni chlywir ohonynt
    Namyn dyfngor y corwynt
    Ac isel gri gweddi'r gwynt.

Plu'r gweunydd a Manod Mawr

Y wawr

Hi gwyd o gwsg oed o gân – hithau'r nos
　　O'i thrô'n niwl dry allan;
　　A gwêl ar oriel arian
　　Drem y dydd fel drama dân.

Nos olau leuad

Wele y dlos leuad lân – yn dyfod
　　O'i hystafell weithian;
　　A chwery ei braich arian
　　Am yddfau cymylau mân.

O lys y wawr pa olau syn – yw hwn?
　　Mor ddidannau'r dyffryn!
　　P'le mae ffel seiniau telyn
　　Adar hoff y doldir hyn?

Yr haul yn codi tu ôl i'r Ysgwrn

Cyfddydd

Y wawr gu yn y pellter gawn, – a'r dydd
Ar ei dwf anghyflawn,
Lliw gwrid y gwyddfid a'r gwawn
Yn llosgi mewn gwyll ysgawn.

Llyn Rhuthlyn

Ail i gyfaredd telyn – rhyw unig
Riannon gwallt melyn
Ar nos o haf rhwng bryniau syn
Yw hiraethlais tonnau'r Rhuthlyn.

I Mary Catherine Hughes

Siriol athrawes eirian, – garedig
Ei rhodiad ym mhobman:
Un gywrain, lwys gura'n lân
Holl *ladies* Gellilydan.

Clychau'r gog, Cwm Dôl-gain

Y Moelwyn

Oer ei drum, garw'i dremynt – yw erioed,
    A'i rug iddo'n emrynt;
  Iach oror praidd a cherrynt
  A'i greigiau'n organau'r gwynt.

Y Nadolig

Deg ŵyl, dan las dy gelyn – una gwlad
    Yn swyn gwledd a thelyn;
  A hyd Fethlem dyry dremyn
  Ar y Duw Sanct yn ei grud syn.

Y bardd

Gŵyr swyn pob dengar seiniau – ac emyn
    Digymar y duwiau,
  A gwêl ar bell ddisglair bau
  Deml hud ei sant deimladau.

Moelwynion o Drawsfynydd

Gwersyll Litherland

Gwêl wastad hutiau'n glwstwr – a bechgyn
    Bochgoch yn llawn dwndwr;
    O'u gweld fe ddywed pob gŵr:
    Dyma aelwyd y milwr.

Nos o Ragfyr

Heno, cwsg, dlws ieuanc oed; oer yw gwaedd
    Arw'r gwynt o'r derwgoed;
    Cwsg dan nen fy mwth henoed,
    Cwsg, cwsg nes tawela'r coed.

Heno clyw gri aflonydd – o leddf ing
    Ymladdfeydd fforestydd;
    Huawdl sain y dymestl sydd
    Fel alltud ar foel elltydd.

Hyd yr êl heibio'r helynt
Yn dy gwsg cei wrando gwynt
Gwyna tros faes a gwaneg
Ail mun friw ar lomwaun freg.

Llwybrau'r drin

Ewrob sy acw'r awran – dan ei gwaed
  Yn y gwynt yn griddfan;
  Malurir ei themlau eirian
  A'i herwau teg sy'n galendr tân.

Ystorm garedig

Od yw 'mhechod yn codi – i'm hwyneb
  Fel mynych drueni,
  Gwelaf yr Iawn ar Galfari
  Yn storom o dosturi.

Priodas ddydd y rhyfel

Er dur wae y brwydro erch – hwyliasant
  I lysoedd gwyn traserch;
  Yno mae pob rhyw lannerch
  Yn rosyns aur a swyn serch!

I blant Trawsfynydd ar wasgar, 1914

Holi yn wan amdanoch – fore a hwyr
    Mae y fro adawsoch;
    Yntau y cryf gorwynt croch
    Eto sy'n cofio atoch.

Er oedi'n wasgaredig – hyd erwau
    Y tiroedd pellennig,
    Duw o'i ras a lanwo'ch trig
    Â dialar Nadolig.

Rhai o'r hen bererinion, – oedd unwaith
    Yn ddiddanwch Seion,
    Aethant o'n hardal weithion
    I'r wlad well dros feryl don.

Eraill aeth dros y gorwel – i feysydd
    Difiwsig y rhyfel;
    Uwch eu cad boed llewych cêl
    Adenydd y Duw anwel.

Rhai ohonoch geir heno – hwnt y môr
    Glasfant maith sy'n cwyno;
    Efo'r gwynt tros ei frig o
    Caf hiraeth yn cyfeirio.

Draw i afiaith y trefydd, – llu eraill
    A yrrwyd o'n bröydd;
    Uwch eu llwyd hen aelwydydd
    Acen salm y ddrycin sydd.

Er hynny, bell garennydd, – un ydyw'n
    Dymuniadau beunydd;
    Ni all pellter Iwerydd
    Lwydo'r hen deimladau rhydd.

Er y siom trwy'r henfro sydd, – a'r adwyth
    Ddifroda'n haelwydydd;
    Hwyrach y daw cliriach dydd
    Tros fannau hoff Trawsfynydd.

Hafod Wen, Cwm Prysor

Plant Trawsfynydd, 1915

Pe doech yn ôl i fro eich cydnabod,
    Chwi welech fel cynt
Eira fel llynges dlos o wylanod
    Ar lanw y gwynt.

Gwelech lwydni y gaeaf diwenau
    Ar fynydd a rhos;
Clywech y corwynt fel storm o dduwiau
    Yng nghanol y nos.

Yma mae celloedd gwag dan y ddrycin
    Yn fud a di-fri,
A'r gwynt yn chwilio pob llofft a chegin
    Amdanoch chwi.

Pell yw'r ieuenctid llawen eu dwndwr
    Fu'n cerdded y fro;
'Chydig sy'n mynd at y Bont a'r Merddwr
    Yn awr ar eu tro.

Holi amdanoch â llais clwyfedig
    Mae'r ardal i gyd;
Chwithau ymhell fel dail gwasgaredig
    Ar chwâl tros y byd.

Rhai ohonoch sy 'merw y brwydrau
    Yn y rhyfel draw,
A sŵn diorffwys myrdd o fagnelau
    O'ch cylch yn ddi-daw.

*   *   *

Eraill sy'n crwydro gwledydd pellennig
    Yn alltud eu hynt
Ac yn eu calon atgo Nadolig
    Yr hen ardal gynt.

P'le bynnag yr ydych, blant Trawsfynydd,
    Ar ledled y byd,
Gartre mae rhywrai ar eu haelwydydd
    Yn eich cofio i gyd.

Ni all pellterau eich gyrru yn ango,
    Blant y bryniau glân;
Calon wrth galon sy'n aros eto,
    Er ar wahân.

A phan ddaw gŵyl y Nadolig heibio
    I'r ddaear i gyd,
Blant Trawsfynydd, tan arfau neu beidio,
    Gwyn fo eich byd.

Rhaeadr Llewyrch, Llyn Trawsfynydd

Hedd Wyn

Blodau Coffa

Marw un fach

Gwenodd uwch ei theganau – am ennyd
    Mewn mwyniant digroesau;
    Heddiw ceir uwch ei bedd cau
    Efengyl chwerwaf angau.

Tegid Wyn

Yntau fu farw yn blentyn, – ond yn awr
    Hyd y nef ddiderfyn
    Llawer angel gwalltfelyn
    Oeda i weld Tegid Wyn.

Er cof am Elizabeth Jones

Er i henaint ei chrino, – er i glai
    Oer y glyn ei chuddio,
    Atgo' mwyn fyn gyflwyno
    Dagrau o aur hyd ei gro.

Rhinogydd o Gwm Dôl-gain

Griff Llewelyn

Y llynedd mi welais Griffith Llewelyn,
Ei lygaid yn lasliw, ei wallt yn felyn.

Yn ei olwg lednais a'i dremiad tawel
'Roedd nodau ei deulu, a golau'r capel.

Ond heddiw mae'i deulu o dan y cymyl,
Ac yntau yn huno yn sŵn y megnyl.

Caethiwa di, Arglwydd, ddwylo y gelyn
Darawodd un annwyl fel Griff Llewelyn.

Gŵr caredig

Un hynaws roed i huno, – a heddiw
Gwahoddaf heb wrido
Awelon haf i wylo
Uwch ei wyn lwch annwyl o.

Er cof am D. G. Williams

Bedd yr arwr milwrol – a gaiff ef
Yn goffâd arhosol,
Ond, er hyn, gedy ar ôl
Oes wen, fer, dlos, anfarwol.

Nid â'n ango

Ei aberth nid â heibio, – ei wyneb
    Annwyl nid â'n ango,
    Er i'r Almaen ystaenio
    Ei dwrn dur yn ei waed o.

Jennie

Un ddilychwin oedd Jennie, – un ddiwyd,
    Addawol, lawn tlysni;
    A gwanwyn gwyrdd digyni
    Heb liw nos oedd o'i blaen hi.

Ond Iesu'r ffrynd dewisol – a'i galwodd
    I'r golau tragwyddol;
    Mwy o'r ddaear ar ei hôl
    Nofia hiraeth anfarwol.

Er Cof am Katie Jones

Cwsg is hon, wraig dirionaf, – yn y bedd
    Nid oes boen nac anaf;
    Uwch dy lwch daw awel haf
    A gwewyr llawer gaeaf.

Bryn y Gofeb, Trawsfynydd

Yr aberth mawr

O'i wlad aeth i warchffos lom – Ewrob erch,
Lle mae'r byd yn storom;
A'i waed gwin yn y drin drom
Ni waharddai hwn erddom.

Gwennie

Gwynnach oedd bywyd Gwennie – na'r ewyn
Chwaraea uwch dyfnlli,
Neu'r annwyl flodau rheini
Oedd ar ei harch dderw hi.

Heb ball caiff rodio bellach – hyd heulog
Ardaloedd di-rwgnach;
Mae nef wen yn amgenach
Na helynt byd i blant bach.

Mynwent Filwrol Newydd Vlamertinghe, lle claddwyd Ellis John Jones, Trawsfynydd – dyn ifanc yr un oed â Hedd Wyn

Dyn da

Hedd a phreiddiau y ffriddoedd – a garodd,
    Ac erwau y cymoedd;
    Un didwyll fel ffrind ydoedd,
    A rhosyn aur Seion oedd.

Sant ieuanc

Oer ing ni welodd erioed – na gwrid haf
    Ar gwr dôl a glasgoed;
    At leng y nef ieuengoed
    Aeth yn sant deng wythnos oed.

Marw yn hen

Wedi oes bur naturiol – hyd henaint
    Dianaf a swynol,
    Mewn gwisg wen aeth adre'n ôl
    I fore'r byd anfarwol.

Er cof am Lizzie Roberts

Gwyrodd yn ei hoed hawddgaraf – i'r bedd
    A'r byd ar ei dlysaf;
    O'i hôl hi, trwy'r awel haf,
    Alawon hiraeth glywaf.

Foel Ddu

Beddrod Dafydd

Carodd yr hen gorlennydd – ac erwau
    Y corwynt a'r gelltydd;
  Carodd y bêr aber rydd
  Gymuna 'ngrug y mynydd.

Ni fu enaid yn fwynach – yn y Cwm
    Nac un yn siriolach;
  Hwn dyfodd heb nwyd afiach
  Yn ei gorff gewynnog iach.

Yn heddwch y mynyddoedd – yn ddedwydd
    Breuddwydiai wynfaoedd;
  A thân aur gobeithion oedd
  Yn torri ar eu tiroedd;

Eithr angau dieithr ingol – a wywodd
    Yr addewid swynol;
  Heddiw Prysor berorol
  Wyla'n ddwys o lain i ddôl.

Heno uwch ei lwch llonydd – oeda gwaedd
    Gofid gwynt y mynydd;
  A sŵn serch yn ymson sydd
  Hyd ifanc feddrod Dafydd.

Gado'r Fainc

O fynwes plwyf Trawsfynydd – ehedodd
    Yn ddidwrf fel hwyrddydd;
  Tros y melyn ewyn aur
  I lannau'r ardal lonydd.

Gŵr ydoedd a fu'n garedig – wrth bawb
    Hyd borth y bedd unig;
  Nef ei oes oedd mwyn fiwsig
  Awel gwawr ar lasddail gwig.

Hen gyfaill, hawdd ei gofio – â'i eirf oll
    Ar ei fainc yn gweithio;
  Ar hyd ei ddydd rhodiodd o
  Yn deg, onest, digwyno.

Ar fin ei ddidwrf annedd – awelon
    Gânt wylo'u melodedd;
  A'u cân fel cwyn rhianedd
  Ar ei fud ddigynnwrf fedd.

Ellis Wyn

Yntau a aeth yn blentyn – oddi yma
 Trwy ryw ddamwain sydyn;
 Ond trwy y gwynt a'r ewyn
 Hola serch am Ellis Wyn.

'Does neb all osod blodau – yr haf aur
 Ar ei fedd dieiriau;
 Huned, a phruddaidd seiniau
 Tonnau a gwynt trosto'n gwau.

Dynes dda

Dynes fu lawn daioni, – a'i rhydd fron
 Mor ddi-frad â'r lili;
 Dylai bro wen ei geni
 Roi llech aur ar ei llwch hi.

Ar fedd gwraig weddw

Cws is hon, wraig dirionaf, – yn y bedd
 Nid oes boen nac anaf;
 Uwch dy lwch daw awel haf
 A gwewyr llawer gaeaf.

Ar faen bedd

Annedd i weddi fu calon ddiddig
Yr addfwyn, isel, beraidd fonesig;
O wawr ei heinioes hyd ei hwyr unig
Gwasgarai hudol naws gysegredig;
Ar enw'r sant forwynig – rhoes rhinwedd
Ei nefol nodwedd anniflanedig.

Eirwyn

Adwyth sydd am y blodyn – a wywodd
        Mor ieuanc a sydyn;
    Ond mewn gwlad hwnt min y glyn
    Anfarwol yw nef Eirwyn.

Eldorado

Tir hud yw Eldoradol, – a'n Rhobert,
        Ŵr hybarch, aeth yno;
    A Mair wen, ei gymar o,
    Yw bronfraith y bêr wenfro.

Cadwaladr Roberts

I'w hynt aeth Cadwaladr Roberts yntau,
Hoffus a breiniol Orffews y bryniau,
Gŵr a'i faton fu'n dihuno'n doniau
Yn fiwsig aur ar wefus ei gorau;
Torrodd trwy anawsterau – ar hynt ddrud
I fri ei dud, a Chalfaria'i dadau.

Cwympo Blaenor

Cwympodd blaenor rhagorol; – gwyddai faint
Gweddi fer bwrpasol;
Rhuddin gwir oedd yn ei gôl
A barn bybyr 'r hen bobol.

Ni all erw dywyll irad – y glyn oer
Gloi naws ei gymeriad;
Bydd clych aur calonnau'r wlad
Yn adsain llais John Richard.

Er cof am Watkin Jones

Un hynod iawn ei nodwedd – o ymladd
Dros ei famwlad eurwedd
A ddaearwyd er ei ddewredd
A'i gorniog law ar garn ei gledd.

Gwas diwyd

Oes dawel y gwas diwyd – a dreuliodd
    Yn drylwyr trwy'i fywyd;
  A'i oes fer eto sieryd
  O gloriau bedd ar glyw'r byd.

Os yma cafwyd siomiant, – ei enaid
    Yn rhinwedd yr Haeddiant
  Drwy nos ing aeth adre'n sant
  I Ganaan y gogoniant.

Yr antur olaf

Un dydd i'w antur gadawodd yntau
Henfro odidog ei ddifyr dadau;
Weithian ei glodydd edrydd ei frwydrau
Hyd erwau Ewrob a'i du ororau;
Ac yn y bell ddi-gân bau – rhoes yn glaf
Ei gŵyn olaf yn sŵn y magnelau.

Yr Arwr *(Detholiad)*
Awdl fuddugol y Gadair Ddu yn 1917

Wylo anniddig dwfn fy mlynyddoedd
A'm gwewyr glywwyd ar lwm greigleoedd,
   Canys Merch y Drycinoedd – oeddwn gynt:
Criwn ym mawrwynt ac oerni moroedd.

Dioer wylwn am na welwn f'anwylyd,
Tywysog meibion gwlad desog mebyd,
   Pan nad oedd un penyd hyd – ein dyddiau,
Ac i'w rhuddem hafau cerddem hefyd.

Un hwyr pan heliodd niwl i'r panylau
Rwydi o wead dieithr y duwiau,
   Mi wybum weld y mab mau – yn troi'n rhydd
O hen fagwyrydd dedwydd ei dadau.

Y llanc a welwn trwy'r gwyll yn cilio
I ddeildre hudol werdd Eldorado,
   O'i ôl bu'r coed yn wylo, – a nentydd
Yn nhawch annedwydd yn ucheneidio.

Y macwy heulog, paham y ciliodd?
Ba ryw hud anwel o'm bro a'i denodd?
   Ei oed a'i eiriau dorrodd, – ac o'i drig
Ddiofal unig efe ddiflannodd.

Y gwahodd

"Tyrd gyda mi dros y tonnau,"
    Medd llais o'r ystorom bell,
"Fe'th boenaf di â rhosynnau
    A golau y tiroedd maith pell,
    A chwerthin ynysoedd sydd well.

"Os tyr dy long ar y cefnfor
    Ba waeth, bid lawen dy fron;
Mae plasau emrallt fy ngoror
    Yn nyfnder beryl y don,
    Dan lif wylofus y don;

"Os cludir dy gorff tua'r glannau
    Yn llaith dan ewynnau gwyn,
Caiff d'ysbryd drigo'r dyfnderau
    Fel lloer yn nyfnderau'r llyn,
    Fel paladr haul yn y llyn.

"Cyfod dy hwyliau, a dilyn;
    Nac oeda mewn byd mor ffôl;
Cei forio am haf brigfelyn
    A'th hirwallt ar chwyf o'th ôl,
    Fel baner ddu ar dy ôl.

"Gwêl lewych y wenfro ddisglair
    Tros lasdon Iwerydd erch,
Lle'r oeda rhos rhwng y glaswair
    Fel mwynion ddeialau serch,
    Fel dedwydd offeiriaid serch."

Ein Gwlad

Hen wlad y beirdd sy'n huno yn y glyn,
Eu coffa erys fyth yn wyn
Ar lawer mynydd, ban, a glyn, –
    Brif gewri'r oesau gynt;
Mae Dafydd ap Gwilym yn y gro,
A'r bedw yn tyfu drosto fo,
A'i gywydd gwin o hyd mewn co'
    Fel sŵn anfarwol yn y gwynt;
A chysga Ceiriog awen aur
Ym miwsig ei haberoedd claer
    'Rôl swyno cenedl ar ei hynt.

Hen wlad y telynorion ydyw hi,
A gwlad datgeiniaid mawr eu bri;
    Mae sain ei cherddi prudd a llon
    Fel ymchwydd llanw pen y don;
A'u caru fyth wnaf fi;
Cans yn eu nodau bywyd sydd
Yn galw gwerin tua'r dydd
Fel miwsig clychau Cymru Fydd;
    Ac ysbryd yr hen oesau tân
    Sydd heddiw'n torri'n fôr o gân
    Ar dannau telyn Cymru lân.

Ein gwlad a gyfyd eto er pob brad;
Hi ddawnsia wrth weled ei rhyddhad;
A chwardd wrth ado trwm sarhad
    Gelynion oesau lu;
Mae twrf rhyfeloedd blin ar ffo
A'r dewr yn huno yn y gro,
A glas y meysydd drosto'n do,
    'Rôl brwydro ag anobaith du;
A Chymru eto'n deffro gaed
A nwyd anorthrech yn ei gwaed
    A'r wawr yn torri'n dân o'i thu.

Marw oddi cartref

Mae beddrod ei fam yn Nhrawsfynydd,
    Cynefin y gwynt a'r glaw,
Ac yntau ynghwsg ar obennydd
    Ym mynwent yr estron draw.

Bu fyw ag addfwynder a chariad
    Yn llanw'i galon ddi-frad;
Bu farw a serch yn ei lygad
    Ar allor rhyddid ei wlad.

Bu farw a'r byd yn ei drafferth
    Yng nghanol y rhyfel mawr:
Bu farw mor ifanc a phrydferth
    Â chwmwl yn nwylo'r wawr.

Breuddwydiodd am fywyd di-wayw
    A'i obaith i gyd yn wyn;
Mor galed, mor anodd oedd marw
    Mor ifanc, mor dlws â hyn.

Ni ddaw gyda'r hafau melynion
    Byth mwy i'w ardal am dro;
Cans mynwent sy'n nhiroedd yr estron
    Ac yntau ynghwsg yn ei gro.

Ac weithian yn erw y marw
    Caed yntau huno mewn hedd;
Boed adain y nef dros ei weddw,
    A dail a rhos dros ei fedd.

Wedi'r Frwydr *(Detholiad)*

Canaf fy nghân a'r hirnos yn cilio
    A'r ieuanc wawr yn diffodd y sêr,
A breuddwyd gwelw yr hwyr yn machludo
    Dan dymestl danbaid y golau têr,
Milfil baledau'n llanw'r fforestydd,
Brudwyr y wawr ar lasfin y mynydd,
Dewinwyr mewn dawns wrth gerddgar nentydd
    'Rôl ymladd oriau am wawrddydd bêr.

Weli di'r blodau sy acw'n chwerthin?
    Weli di dorf y dail ar y gwŷdd?
Glywi di gân yr uchedydd melfin
    Mewn awyr euraid, fardd y cyhudd?
Wyddost ti faint o stormydd a brwydrau,
Wyddost ti faint yr ymladd diolau,
A welsant hwy, ddewinwyr yr hafau,
    Cyn dod ohonynt i blas y dydd?

Crist ar binacl y deml *(Detholiad)*

Mi neithiwr a welwn bererin llesg
    Tan bwysau adfyd ei oes;
Ei lafar oedd unfath ag islais yr hesg,
    A'i war yn grwm tan y groes.

Fe welodd adfeilion ei freuddwyd brau
    A'i fywyd yn fethiant oll;
Fel hyn y llefarai a hi'n hwyrhau
    Ar deml ei obeithion coll:

Lluniais fy mywyd â dryswaith pob hud,
    Cenais am fwynder a gwawr;
A gwisgais erlant fy ngobaith drud
    Ar binacl fy hyder mawr.

Weithiau mae 'mreuddwyd a mi tan ein briw,
    A chariad yn adfyd ffrom,
A minnau'n ymliw â Thi sydd yn Dduw
    Ar binacl fy nhemlau siom.

Clywais mai cariad wyt Ti oll yn oll
    Fel tonnau diderfyn li;
Eithr onid adferi Di 'ngwynfyd coll,
    Pand twyllwr f'enaid wyt Ti?

Ceisio Gloywach Nen *(Detholiad)*

Caniad V

Fe safaf eto yng nghynteddau angau;
    O'm cylch saif cofgolofnau bywyd
    Fel adfail storm ysbrydion alltud
A ddiangasant dros y porffor ffiniau;
    Draw, draw ymhell mae'r wybrau gloywon,
    A'r coed yn ir tan lesni tirion,
Ond yma mellt ymhleth am gerrig beddau.

Gwêl acw un yn marw gyda'i lygaid
    Yn cau wrth deimlo pwys adenydd
    Ei enaid mawr yn gado stormydd
Cynhyrfus fyd am las y bröydd cannaid;
    Pa beth yw marw? medd fy nagrau,
    Ai rhwyflong wen yn gado'r glannau
Am wybren euraid, dlos, y ffiniau tanbaid?

O freichiau stormydd angau ar y ddaear
 Ewch, seintiau annwyl calon dyner,
 I'r wybren glir uwch stormydd amser;
Cewch lanw'ch hwyliau gyda'r gwyntoedd cerddgar;
 Daw'r wawr i'ch derbyn o'ch blinderau
 Fel cawod euraid o rosynnau
Yn ernes o'r gorwelion prydferth hawddgar.

Mae'n rhaid i bopeth farw, meddai bywyd;
 Mae'n rhaid i bopeth fyw, medd angau;
 Efe rydd adain i greadau
Gyfeirio adref o'u crwydriadau alltud;
 Byth ni bydd farw dyn na daear,
 Ca'r ddau gyd-fyw'n dragwyddol hawddgar
Dan nennau ieuainc glasliw'r anfarwolfyd.

Gwêl wirioneddau trist yn dod o'u beddau:
 Oesau'n codi ar amnaid gwawrddydd,
 A Christ ar lanw yr wybrennydd
Mor wyn â lili olchir gan ewynnau;
 A than ei drem mae'r atgyfodiad
 Yn rhoi adenydd i'r holl gread
I hedfan i'r anfarwol ffurfafennau.

Cyfrinach Duw *(Detholiad)*

Caniad IV Tinc y Cariad

A'm henaid i neithiwr rhwng cwsg ac effro,
    Fel breuddwyd yn nhiroedd drycin a lloer,
Mi welwn ofidus ifengwr yn crwydro
A chrog ar ei ysgwydd ddolurus yn pwyso
     A'i waed yn diferu ar ddaear oer.

O oedi yng nghymun y marw dilafar,
    O oedi yng nghymun y marw byw,
Teimlwn fy enaid yn gado ei garchar,
A'm hysbryd yn deffro fel fforest gerddgar
     Dan awel hirfelys cyfrinach Duw.

Ac yna mi deimlais ddod cariad tragwyddol
    I farw tros enaid tlawd fel myfi,
Minnau yng nghwmni y gwaed cyfareddol
Yn araf ddeffro i'r oed annherfynol
     A storm o ddryswaith ar ben Calfari.

Myfi yw *(Detholiad)*

VI   *Y Llef Ddihenydd*

Rhyw ddiwrnod fe syllodd fy enaid ar ddarlun
    Ieuengwr dienw ar oriel dlos;
I'w lygaid 'roedd pryder nosau digyntun,
A thebyg oedd agwedd ei hirwallt melyn
    I ydfaes aeddfed tan wyntoedd y nos.

O'i flaen 'roedd niwloedd a gwae yn encilio,
    O'i ôl y wawrddydd yn torri ymhell;
Ac meddai fy nghalon wrth edrych arno:
Dyma Brometheus ofnadwy rhyw chwyldro,
    Arweinydd crwsâd y goleuni gwell.

O'i amgylch mi welwn ysbryd marwolaeth
    Yn deffro fel hesg tan gyffwrdd y gwynt,
Ac meddai fy nghalon bŵl ei dirnadaeth:
Pand hwn ydyw Orffews y bell chwedloniaeth
    A ddofai bob nwyd gyda'i delyn gynt?

O tan ei draed gwelwn gelain yr angau
    A'i fwa toredig am byth yn fud;
A'r golau o bell yn chwerthin ar ddarnau
Ysgyrion a rhydlyd yr hen gadwynau
    Gadwodd y ddaear yng ngharchar gyhyd.

Fy Ngwynfa Goll *(Detholiad)*

Di, ysbryd anobaith, cei ddallu fy llygaid,
    A diffodd y golau fioled o'm grudd,
Ond ni phaid y wenlloer â thramwy fy enaid
Ac ni phaid fy nghalon â'i lliwiau gogonaid
    Ac ery 'm hanwybod yn obaith a ffydd.

Ac er gwybod fynd ymaith ddyddiau fy chwerthin,
    Ban welais lwyd yrroedd y crinddail ar ddôl,
A cholli fy ngerlant o wyddfid fy nrycin,
Mi a wn nad gwynfa ddidostur fy hefin
    A charlam y dymestl a'i dug hi yn ôl.

A phe drylliai'r gwyntoedd linynnau fy nhelyn
    Bydd deufwy y gân ar y tannau fo'n friw;
A phe'r awn mor dlawd a digartre â'r ewyn,
Mi ganwn a suwn o draethell i benrhyn
    Am orwelion disglair a thymhestloedd lliw.

Gaeaf, Arenig

Ystrad Fflur *(Detholiad)*

III

Tramwyais yn hedd prin y boreddydd,
Fin Teifi donnog, wydrog, dafodrydd;
Ac yno daeth er gwên dydd – ysbryd oed
Rhyfelau henoed a gwŷr aflonydd.
    Eilwaith adfywiai dolur
    Ieuenctid hen actau dur;
    Ac yn y gwynt ganai gerdd
    Gwingai anniddig angerdd.

Yno tanodd gwelwn fynwent unig
A llewych hiraeth i'w thalaith helig;
A dôi o ro y drymllyd drig – i'm bron
Nodau dwysion rhyw fudandod ysig;
    I'w herwau claf o hiraeth
    O'i boen hir aml unben aeth;
    A'r dewr o frad hir ei fro
    Ddihanges i'r bedd yngo.

Ar finion tyner y fynwent honno
Rhwng melyn redyn 'roedd macwy'n rhodio;
Heulog a dwfn ei lygaid o, – ac oed
Rhyw ddawn henoed yn eu gwyrdd yn huno.
 Yn ei drem 'roedd mwynder haf
 Ac enaid ar ei geinaf;
 Ac i'w lais islais glaslyn
 A threbl hesg wrth arab lyn.

Doedai a welir trwy goed y dolydd,
Doedai hanes ei dadau dihenydd,
Doedai a ŵyr gwynt y dydd – a'r nifwl
Chwery ym mhannwl ac ochr y mynydd.
 Canys gwae y nosau gynt
 Erys yng nghôl y corwynt;
 A daw o'r hesg gyda'r hwyr
 Hanes tu hwnt i synnwyr.

Atgo

Dim ond lleuad borffor
   Ar fin y mynydd llwm;
A sŵn hen afon Prysor
   Yn canu yn y Cwm.

Yr Ysgwrn 2017

Byth ers fis Medi 1917, bu miloedd o bererinion yn ymlwybro tua'r Ysgwrn i chwilio am gartref Ellis Humphrey Evans, y bugail fardd a adwaenir yn well wrth ei enw barddol, Hedd Wyn. Saif y fferm ar lethrau deheuol Cwm Prysor ger Trawsfynydd, safle agored iawn sydd yn llygad yr haul ar ambell ddiwrnod o'r flwyddyn, ond yn amlach na pheidio, dyma "gynefin y gwynt a'r glaw", ys dywedodd Hedd Wyn ei hun. Daeth y ffermdy distadl hwn yn enwog fel crud talentau un o feirdd enwocaf Cymru, ac fel cartref i'r symbol hwnnw o'i gyrhaeddiad unigol a chwymp bron i ddeugain mil o Gymry ifanc a gollwyd yn ystod y Rhyfel Mawr, sef y Gadair Ddu. Dros gyfnod o ganrif, daeth Yr Ysgwrn yn symbol o newid byd i gymdeithas fodern yn ystod y Rhyfel Byd Cyntaf, a bellach, dyma un o gartrefi enwocaf Cymru

Er gwaetha'i statws yn ein hanes ac yn niwylliant Cymru fodern, cartref rhyfeddol o gyffredin fu'r Ysgwrn dros y blynyddoedd.

Adeiladwyd y ffermdy yn 1830, ac erbyn hyn, mae wedi'i warchod drwy ddeddfwriaeth fel adeilad rhestredig gradd II*. Fe'i hadeiladwyd o gerrig lleol, y lliw gwyrdd Sioraidd yn efelychu'r dirwedd o amgylch ac enw William Evans, gwnethurwr yr ail genhedlaeth o ffenestri a naddwyd i un o chwarelau ffenest y parlwr, yn dystiolaeth o fri crefftwaith lleol. Mae'r ffermdy ei hun yn adeilad hynod smart a'r gwaith cerrig yn awgrymu cadernid. Dyna addas, gan mai canghennau o un teulu yn unig fu'n byw yma o'r dechrau un. O amgylch y ffermdy, mae nifer o adeiladau amaethyddol yn dweud stori ffordd o fyw: y cwt mochyn (neu'r Tŷ Bach fel y'i gelwid gan y teulu) a gartrefai foch tan yr Ail Ryfel Byd a Beudy Tŷ a Beudy Llwyd lle storid y gwair a lle cedwid y gwartheg dros fisoedd y gaeaf. Defnyddiwyd llai a llai ar yr adeiladau hyn yn dilyn codi sied fodern yn y 1980au ond goroesodd yr adeiladau hardd ac maent yn dal i arddangos nodweddion gwreiddiol cywrain, fel gwaith cerrig a lloriau llechi.

1. Parlwr Yr Ysgwrn 2014;
2. Cegin Yr Ysgwrn 2014;
3. Yr Ysgwrn adeg cynhaeaf gwair , 2016

Griffith William, hen hen ewyrth i Hedd Wyn, fu'r cyntaf o'r teulu i fyw yn Yr Ysgwrn fel tenant yn y 1830au. Erbyn y 1840au, symudodd ei nai, Lewis Evans, a'i wraig, Mary, o fferm Erwddwfr, Bronaber, i gymryd tenantiaeth Yr Ysgwrn, a daeth yn gartref iddyn nhw a'u teulu o naw plentyn: Sarah, Ellis, Lewis, Edmund (Emwnt), Evan, Morris, Sarah, Mary a Robert.

Cymerodd Evan Evans, mab Lewis, yr awenau yn Yr Ysgwrn yn 1887, tuag adeg marwolaeth ei fam, Mary. Dyma pryd symudodd yn ôl i'w gartref yn Yr Ysgwrn gyda'i wraig, Mary, a'u mab pedwar mis oed, Ellis, i helpu Lewis Evans i redeg y fferm. Yn Yr Ysgwrn, ganwyd iddynt dri ar ddeg o blant eraill: David (Dafydd), Mary, Kate (Cati), Llywelyn Lewis (y cyntaf), Sarah Ann, Magi, Robert Llywelyn (Robin neu Bob), Llywelyn Lewis (yr ail), Evan, Ann ac Enid. Roedd bywyd yn galed a ganwyd dau blentyn yn farwanedig, cyn i heintiau'r oes ysgubo drwy'r Ysgwrn a chollwyd y ddau Llewelyn Lewis a Sarah Ann yn fabanod. Mae hanes teulu'r Ysgwrn yn un sy'n gyffredin i deuluoedd eraill mewn cymunedau led-led cefn gwlad Cymru.

Er na fu bywyd yn llewyrchus iawn yn Yr Ysgwrn, roedd gan y teulu ddigon o fodd i gyflogi gweision. Mae'n debyg iawn mai hogiau lleol a oedd yn byw gartref oedd y gweision fferm, ond byw yn Yr Ysgwrn ei hun a wnâi'r morynion. Siambr fechan tu ôl i'r gegin fyddai cartref y forwyn a wnaed yn gysurus gyda dim ond gwely a chist ddillad a gwres y simdde. Am rai blynyddoedd, cyflogid dwy forwyn yn Yr Ysgwrn, nes i chwiorydd Hedd Wyn dyfu'n ddigon hen i gynorthwyo adref ar ôl ymadael â'r ysgol.

Ffermio a gweithio'r tir oedd cynhaliaeth pob cenhedlaeth a fu'n byw yn Yr Ysgwrn. Yn fferm 168 o erwau, bu caeau yn cynnwys Rhos Grwm, Cae Llouau Bach a'r Cae Dan Tŷ yn gartref i wartheg a defaid, gyda'r moch yn byw yn y cwt mochyn a'r ceffylau yn cymryd eu lle yn y stabal yng nghesail y ffermdy. Byddai ieir a gwyddau yn crwydro'r buarth a'r teulu yn tyfu cnydau fel tatws, moron a rwdan a choed aeron a riwbob yn y caeau a'r gerddi. Hunangynhaliaeth oedd natur byw, ac fel pob fferm a thyddyn arall yng Nghymru, ychydig iawn o nwyddau a brynai'r teulu i mewn. Roedd hon yn gymuned gydweithredol a chymorth parod ar gael gan yr ewythredd, Lewis, Emwnt a Robert, a chan gymdogion o ffermydd cyfagos Bodyfuddai, Plas Capten, Bryn Golau a Fronysgellgog ar ddyddiau pwysig fel diwrnod cneifio, diwrnod dyrnu ac yn ystod y cynhaeaf.

Er i'r gymuned a dulliau amaethu newid yn fawr yn ystod yr ugeinfed ganrif mae'r Ysgwrn yn parhau yn fferm weithio, gyda stoc o wartheg a defaid a'r calendr amaethyddol a fu'n weithredol ers bron i ddau ganrif yn dal i droi.

Bellach mae'r beudai hanesyddol yn agored i ymwelwyr i'r Ysgwrn ac mae modd profi peth o hanes Yr Ysgwrn a'r Rhyfel Byd Cyntaf o'u mewn. Gwarchodwyd naws arbennig y ddau adeilad drwy weithio gyda'r nodweddion gwreiddiol hardd a'u cynnwys yn y dehongliad o'r adeiladau. Yr Ysgubor Newydd ydi'r adeilad amaethyddol erbyn hyn, sef adeilad newydd sbon, sydd wedi'i ddatblygu'n arbennig i wasanaethu fferm fodern mewn dull amgylcheddol gyfeillgar. Mae'r Ysgubor Newydd wedi'i dwcio i'r dirwedd ac mae'n gweddu i dopograffeg y fferm, gyda tho gwyrdd byw yn gap naturiol arno.

Yn y fuches arferid godro'r gwartheg. Fe'u gelwid o'r caeau gyda "swc swc swc" a byddai'r tarw yn sefyll yn dawel ymysg y gwartheg. Gwaith Ifan a Bob, brodyr iau Hedd Wyn, fyddai godro'r gwartheg, wrth eistedd ar stolion bychain, a'u tad yn sefyll drostynt, yn synfyfyrio ar ei getyn.

Mae dau fwtri yn yr Ysgwrn: y Bwtri a'r Bwtri Pellaf. Yn y Bwtri Pellaf arferid cadw bwydydd yn oer ac yn Y Bwtri arferai Mary Evans gorddi ei menyn. Dan lechen y cafn llaeth, byddai dau grochan, y naill yn cadw'r llefrith a'r llall yn cadw'r llaeth enwyn, gyda phowlen bren yn arnofio ynddo. Byddai dŵr gwyrdd, sef glastwr, yn gwahanu oddi wrth y llaeth enwyn a byddai'r teulu yn yfed hwn i wella annwyd. Defnyddiai Mary Evans badlau i wahanu'r menyn oddi wrth y llaeth enwyn. Yna, byddai'n rhwbio halen, wedi'i dynnu o floc mawr, i mewn i'r menyn a'i siapio yn becyn crwn cyn ei stampio gyda phatrwm buwch, mesen neu ddeilen, a'i werthu'n lleol.

Daeth newid byd ers hynny, a heddiw does dim godro yn Yr Ysgwrn. Un nodwedd ar Yr Ysgwrn na welodd fawr ddim newid dros y ganrif ddiwethaf yw'r gegin. Y gegin fyddai calon y cartref ac yma y byddai'r teulu'n croesawu cymdogion a ffrindiau. Yma hefyd y byddai Hedd Wyn yn dysgu crefft barddoniaeth gan ei dad,

Evan, bardd gwlad a fyddai'n cyfansoddi cerddi am ddigwyddiadau lleol. Tan yn ddiweddar amgylchynid y gegin gan gwrlid o 26 haen o bapur wal a oedd yn tystio i ddiwylliant unigryw yn y Cymru wledig. Y ddresel a'r cloc taid, a leolir yn y gegin, fyddai celfi pwysicaf unrhyw gartref Cymreig. Yn Yr Ysgwrn, maent yn gwmni i gelfi hardd eraill, gan gynnwys cwpwrdd deuddarn a arferai gadw bwyd, cwpwrdd oer sydd wedi'i leinio â llechi, cloc tywydd, piano a lle tân traddodiadol o'r 1880au. Mae ôl troed cenedlaethau o'r teulu wedi'u gwisgo i'r llawr llechen, ac yn y trawstiau uwchben, dengys y bachau lle arferid crogi'r cig moch fod Yr Ysgwrn yn fferm gynhyrchiol, lle cynhelid teulu cyfan gan y tir. Gyferbyn, ar silffoedd llyfrau y lle tân, mae rhesi o lyfrau o bob math, o flodeugerddi o farddoniaeth i lyfrau gweddi a llyfrau cowbois sy'n tystio bod hwn hefyd yn gartref hynod ddiwylliedig. Roedd hunan addysg yn bwysig, gan mai addysg bytiog a gafodd Hedd Wyn yn yr ysgol. Os oedd rhywbeth pwysicach na'r gwersi yn galw adref, yno byddai'n aros. Roedd y Capel a'r Ysgol Sul yn allweddol felly i dorri ei syched am wybodaeth am y byd o'i gwmpas.

Mae'r piano ei hun yn nodwedd anghyffredin ar gegin Yr Ysgwrn, gan iddo gael ei symud yma yn sgil symud y cadeiriau barddol a enillodd Hedd Wyn rhwng 1907 a 1915 i'r parlwr. Mae'r piano yn symbol o'r bri a roddai'r teulu ar fuddugoliaethau eu mab: roedd yn rhaid i bob un fynd i'r parlwr, ystafell orau'r tŷ.

Yno yn y parlwr hefyd y cedwid y Gadair Ddu ers iddi gyrraedd Yr Ysgwrn o Benbedw ym mis Medi 1917, ac i'r mwyafrif o ymwelwyr, gweld y gadair ysblennydd hon yn ei chartref yw pinacl pob ymweliad â'r Ysgwrn.

Er 1917, ceisiodd teulu'r Ysgwrn gynnal eu ffordd o fyw yn wyneb y llif cyson o ymwelwyr sy'n awyddus i'w cyfarfod a thalu gwrogaeth i dalent eu mab, eu brawd a'u hewythr. Evan a Mary Evans, Bob ac Evan Evans ac Ellis a Gerald Williams, gyda chymorth eu teulu estynedig a fu'n gyfrifol am gadw drws Yr Ysgwrn yn agored, ac yn 2012 trosglwyddwyd y cyfrifoldeb hwnnw i Awdurdod Parc Cenedlaethol Eryri. Drwy grant treftadaeth a dderbyniwyd gan Gronfa Dreftadaeth y Loteri yn 2014, bu modd i Awdurdod y Parc Cenedlaethol ddiogelu'r ffordd hon o fyw drwy gynnal y fferm weithio, gwarchod yr adeiladau a'r dreftadaeth a pharhau i groesawu ymwelwyr o Gymru benbaladr a thu hwnt. Cadw'r drws yn agored yw'r her yn awr a cheisio gwarchod yr hyn a wnaeth Yr Ysgwrn mor arbennig i genedlaethau o ymwelwyr, a'i gwneud yn haws iddynt fynd dan groen y lle rhyfeddol hwn.

Cyhoeddwyd CERDDI'R BUGAIL am y tro cyntaf yn 1918, dan olygiaeth y Parch. J. J. Williams.

Detholiad sydd yma, ond cynhwysir nifer o gerddi nad oedd yn yr argraffiad cyntaf.